PANÉGYRIQUE

DU BIENHEUREUX

JEAN-BAPTISTE DE LA SALLE

FONDATEUR DE L'INSTITUT

DES FRÈRES DE LA DOCTRINE CHRÉTIENNE

PRONONCÉ

AU PENSIONNAT DE LA MOTTE, PRÈS CHAMBÉRY

A L'OCCASION

DU *TRIDUUM* D'ACTIONS DE GRACE

En l'honneur de sa Béatification

Le 28 Juin 1888

PAR L'ABBÉ DUNAND

CHANOINE-PRÉVÔT

DU CHAPITRE MÉTROPOLITAIN DE CHAMBÉRY

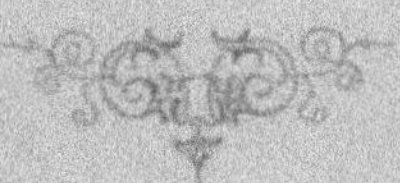

CHAMBÉRY

IMPRIMERIE DRIVET ET GINET, PLACE SAINT-LÉGER, 51

1888

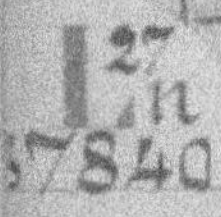

PANÉGYRIQUE

DU BIENHEUREUX

JEAN-BAPTISTE DE LA SALLE

FONDATEUR DE L'INSTITUT

DES FRÈRES DE LA DOCTRINE CHRÉTIENNE

PRONONCÉ

AU PENSIONNAT DE LA MOTTE, PRÈS CHAMBÉRY

A L'OCCASION

DU *TRIDUUM* D'ACTIONS DE GRACE

En l'honneur de sa Béatification

Le 28 Juin 1888

PAR L'ABBÉ DUNAND

CHANOINE-PRÉVÔT

DU CHAPITRE MÉTROPOLITAIN DE CHAMBÉRY

CHAMBÉRY

IMPRIMERIE DRIVET ET GINET, PLACE SAINT-LÉGER, 51

1888

A fructibus eorum cognoscetis eos : non potest arbor bona malos fructus facere ; neque arbor mala bonos fructus facere.

L'arbre se reconnaît à ses fruits : un arbre bon ne peut pas porter des fruits mauvais, ni un mauvais arbre de bons fruits.

(Matth., VII, 18.)

Monseigneur*,
Chers Frères,
Messieurs,

Il est raconté que le peuple de l'antique Grèce avait la ferme persuasion que le Dieu suprême, voulant trouver et déterminer le centre du monde civilisé, avait envoyé, du haut du ciel, deux aigles au vol hardi, qui, prenant leur essor du fond de l'Orient vers l'Occident, vinrent s'arrêter et se fixer au milieu de la Grèce, sur le mont Parnasse, qui fut dès lors regardé comme le foyer central de toute lumière et le principe inspirateur de tout génie. Un temple y fut bâti à Apollon. Quiconque voulait participer à la lumière des dieux, devait y fixer ses regards et ses pensées.

Les fables du vieux monde païen ont fait place à la vérité chrétienne. Depuis le jour où le fils de Dieu est venu en personne éclairer les hommes, de

* Monseigneur Philippe, de la congrégation des Missionnaires de Saint-François de Sales d'Annecy, vicaire apostolique dans les Indes.

ses divines splendeurs, *Ego sum lux mundi*, il a marqué le centre du monde moral, en envoyant du fond de la Judée, non pas deux aigles, mais deux anges de lumière, les deux illustres apôtres Pierre et Paul, pour fixer à Rome le centre de la lumière et de la vérité, le foyer du progrès et de la civilisation.

C'est de ce foyer lumineux qu'est sorti naguère un oracle infaillible, qui a fait tressaillir de joie le monde chrétien, depuis les steppes du Nord jusqu'aux plages d'Afrique, des Indes et des deux Amériques, en proclamant *Bienheureux* un grand bienfaiteur de l'humanité, un fils de la France, l'illustre *Jean-Baptiste de La Salle, fondateur de l'Institut des Frères de la Doctrine Chrétienne*.

Oui, il est *Bienheureux*, car s'il a possédé les biens de la terre, il n'y a jamais attaché son cœur, il les a abandonnés librement, pour ne chercher que les trésors de la grâce et les biens impérissables de la vertu : *Beati pauperes spiritu, quoniam ipsorum est regnum cœlorum*[1].

Il est *Bienheureux*, parce que, en choisissant, dès son enfance, la croix du sacrifice et du dévouement, à l'exemple du divin Rédempteur, il a été appelé à participer à sa gloire, après avoir participé à sa vie d'immolation : *Beati qui lugent, quoniam ipsi consolabuntur*[2].

Il est *Bienheureux* : il a aimé la justice, donnant à Dieu ce qui est à Dieu, les intelligences et les cœurs. Il a tout sacrifié, il s'est sacrifié lui-même

(1) Matth., V, 3.
(2) *Ibidem*, 5.

pour le triomphe de la vérité et de la justice : *Beati qui esuriunt et sitiunt justitiam quoniam saturabuntur*[1].

Il est *Bienheureux*, car, après avoir passé sa vie entière dans la pratique des œuvres de miséricorde, il voit aujourd'hui le Dieu miséricordieux sourire avec amour à ses enfants, en béatifiant leur père, et en glorifiant ainsi leur laborieuse mission de dévouement : *Beati misericordes, quoniam ipsi misericordiam consequentur*[2].

Il est *Bienheureux* : la pureté angélique de son cœur lui a permis de découvrir tous les desseins de de la volonté divine, à laquelle il s'est dévoué avec un saint amour, et dont il a fait la seule règle de toute sa vie : *Beati mundo corde, quoniam ipsi Deum videbunt*[3].

Il est *Bienheureux*, parce que Dieu, en donnant à son cœur la bonté et la douceur pour caractère dominant, lui a préparé de précieuses conquêtes. La bonté est une manière de se donner au prochain, tout en se conservant pour Dieu. C'est un charme qui déguise les bienfaits, une transparence qui laisse entrevoir le cœur. Quand on a dit : Le Bon Dieu ! on a épuisé les secrets de la nature divine. La bonté, image de Dieu sur la terre, avait, dans M. de La Salle, quelque chose de simple, de doux et de prévenant qui lui gagnait tous les cœurs : *Beati mites quoniam possidebunt terram*[4].

Il est *Bienheureux*, parce qu'il a aimé la paix, il

(1) Matth., 6.
(2) *Ibid.*, 7.
(3) *Ibid.*, V, 8.
(4) *Ibid.*

n'a cessé de la porter en son âme, comme un rayon du ciel, il l'a fait rayonner autour de lui dans les âmes; il l'a établie dans les familles par les maximes de l'Evangile, dont il a été un des puissants propagateurs : *Beati pacifici, quoniam filii Dei vocabuntur*[1].

Il est *Bienheureux*, car si la fondation de son œuvre de sanctification lui a valu les ironies et les sarcasmes de l'impiété moderne, les persécutions de l'esprit du siècle; il a reçu avec abondance la récompense promise à tous ceux qui soutiennent, ici-bas, le bon combat de la vérité et de la vertu contre le vice et le mensonge : *Beati qui persecutionem patiuntur propter justitiam, quoniam ipsorum est regnum cælorum*[2].

Le Bienheureux de La Salle, dès le début de la fondation de son Institut, aurait pu s'écrier, dans un accent d'inspiration divine : *Beatum me dicent generationes*, les générations m'appelleront *Bienheureux*, car la béatitude n'est pas dans l'inconstante poussière de l'or, ni dans cette vaine fumée qui s'appelle la gloire humaine, ni dans cette vague fugitive et mensongère qui s'appelle le plaisir; mais la béatitude est le partage d'une vie qui répond à sa vocation, par une conformité constante à la volonté de Dieu. *Beatum me dicent generationes.*

Je comprends que Dieu ait choisi le Grand Pontife, dont le règne consolant a été symbolisé par les irradiations de la lumière divine sur le monde, *lumen in cælo*, pour déposer la couronne glorieuse

(1) Matth., V, 9.
(2) *Ibid.*

de la béatification sur le front de *Jean-Baptiste de La Salle*, qui a été, lui aussi, un puissant propagateur de la lumière dans le monde des âmes. Cette glorification a fait son apparition au ciel de l'Eglise, à son heure propice, à une époque de prétendu progrès, où nous voyons les individus et les sociétés fuir toute lumière divine, pour se plonger dans les ténèbres de l'incrédulité et du matérialisme.

Gloire à Dieu! Gloire à l'Eglise et à ses saints, qui sont le salut du monde, à toutes les époques de son histoire; gloire aux Chers Frères du Bienheureux de La Salle, à ces vaillants champions de la doctrine chrétienne et de la saine morale dans le monde! Nous nous estimons heureux d'être associé à cette fête de famille, en venant déposer le modeste fleuron de notre bonne volonté, à la couronne éclatante qui brille sur le front de Votre Bienheureux fondateur; car rien de ce qui intéresse la gloire du Père des Cieux et de notre mère l'Eglise, ne peut laisser indifférent le cœur du prêtre.

Nous vous félicitons, cher Directeur de ce brillant pensionnat, d'avoir appelé, pour présider à cette fête, un digne pontife qui, à la fleur des années, est déjà une gloire pour la Savoie et une consolation pour l'Eglise. Comme le grand apôtre Paul, il a été choisi pour être l'apôtre des Gentils, un soleil de l'Evangile, pour les peuples qui dorment encore dans les ténèbres du paganisme. Sa mission est glorieuse et féconde, parce qu'elle puise ses inspirations au cœur même de saint François de Sales, dont il est un des heureux fils.

I

Non potest arbor bona malos fructus facere ; un arbre bon ne peut pas porter des fruits mauvais.

Quand le voyageur parcourt les plages du nouveau monde, et qu'il rencontre sur sa route un grand arbre, couvert d'un gracieux feuillage, chargé de fleurs et de fruits délicieux, il s'arrête sous ce bienfaisant ombrage, pour en contempler, à loisir, les fruits merveilleux. Il se demande qu'elle est la cause d'une si prodigieuse fécondité. De même lorsque, parcourant le livre de l'histoire, nous rencontrons un grand nom, le nom d'un homme qui a illustré l'humanité par ses œuvres de dévouement et de charité, nous nous demandons quels ont été le principe et la cause d'une vie si glorieuse et si consolante pour l'Eglise. Telle fut la vie du *Bienheureux* Jean-Baptiste de La Salle. Nous trouvons le principe de sa gloire dans son esprit d'humilité et d'obéissance, qui en fit un instrument docile de la Providence, et dans son esprit de dévouement et de charité, qui l'a associé à l'amour infini de Dieu pour les hommes.

La jeunesse du Bienheureux de La Salle fut comme l'aurore sereine d'un jour d'espérance : *quasi aurora consurgens*[1]. C'est le soleil qui répand la lumière et la vie dans le monde ; mais un beau jour, un soleil radieux, c'est l'aurore qui l'annonce et le prépare. Telle fut l'enfance du jeune de La Salle. Elle fut comme les heureuses prémices

(1) Cant., VI, 9.

de toute sa vie d'innocence et de dévouement. Les germes de vertus que le baptême et la première communion avaient déposés dans son âme, s'épanouirent en fruits de sanctification, sous le soleil bienfaisant des exemples de vertus et de la sage direction qu'il rencontra au foyer de sa famille. On pouvait dire de lui comme du jeune Tobie, la gloire d'Israël : sans aucune parade d'austérité, cet aimable jeune homme savait se tenir éloigné des folies de l'intempérante jeunesse : *Cùm junior esset, nihil tamen puerile gessit*[1]. Jeune encore, il n'eut jamais rien de puéril dans ses discours ni dans ses actions.

Il commença à se sanctifier dès les premières années de sa vie, et rien n'arrêta sa marche dans les voies de la vertu. Toujours il fut fidèle à la loi de son Dieu, et la loi lui fut fidèle. Chaque jour elle lui découvrait de nouveaux trésors de grâces : *Beati immaculati in viâ, qui ambulant in lege Domini*[2].

Mais quelques saintes et pures que soient les dispositions d'un jeune homme au cœur bien né, il rencontre infailliblement deux écueils à sa persévérance : la légèreté du jeune âge et les séductions mondaines. La jeunesse excite les passions ardentes, et les séductions du monde fascinent un cœur inexpérimenté. Le jeune de La Salle, prévenu des bénédictions célestes, se fit de la loi de Dieu un rempart qui le mit à l'abri de l'inconstance de l'âge et des séductions du monde. Dès l'enfance, il s'adonna à une vie de piété et de mortification. Lors-

(1) Tob., 1-4.
(2) Ps., 119.

que ses jeunes compatriotes se livraient à des fêtes profanes, lui ne se mêlait jamais à leurs réunions : *Solus fugiebat consortia omnium*[1].

C'était vers le saint temple que seul, le plus souvent, il dirigeait ses pas, pour adorer le Dieu de ses pères : *Ibi adorabat Dominum Deum Israël*[2].

A l'exemple de son patron, le chaste précurseur, il unissait à une vie sans tache les rigueurs de la pénitence. Sa piété humble et gracieuse était la gardienne vigilante de la pureté de son âme. On ne pouvait le voir prier sans attendrissement. La paix de ses traits, l'élévation de son âme, qui montait doucement jusqu'à son visage, pour l'illuminer, la joie calme et sereine qui enveloppait toute sa personne, offraient le spectacle du plus chaste bonheur et faisaient concevoir les plus belles espérances. On eût pu dire de lui, comme du précurseur : que pensez-vous que sera un jour ce jeune homme : *Quis putas puer iste erit ?*[3].

Illustre par la naissance, il le fut plus encore par la vertu, dont la grâce divine embellit son âme : car si la noblesse du nom s'hérite, la vraie noblesse de l'âme ne s'acquiert que par la vertu, qui est le fruit indivis de la liberté humaine et de l'action de la grâce. Instruit par les lumières de l'Esprit-Saint, il comprit que la vertu est la vraie noblesse de l'âme. Pour conquérir ce céleste trésor, il foula aux pieds toutes les vanités de la terre : *Inventa une pretiosa, dedit omnia sua et comparavit eam*[4].

(1) Tob., I, 5.
(2) Tob., I, 6.
(3) Luc, I, 66.
(4) Matth., XIII, 46.

Dieu l'avait marqué du caractère des élus, qu'il appelle, dès la première heure, à travailler à sa vigne, pour la dilatation de son royaume sur la terre. Il préluda à la gloire de son sacerdoce, par son ardeur à rechercher et à imiter les cérémonies religieuses de l'Eglise. Son plus grand bonheur était de s'approcher, le plus près possible, par les fonctions d'enfant de chœur, de l'autel où se célèbrent les saints Mystères. Il y apparaissait comme un ange visible qui édifiait le prêtre lui-même. Dans le cours de ses études à l'université de Reims, il était la joie de ses maîtres, qui le voyaient avec un noble orgueil croître en science et en sagesse : *Puer crescebat plenus sapientia*[1].

Quand ses études furent achevées, son père, qui voyait en lui l'espoir de sa famille, destiné à recueillir un riche patrimoine, et à perpétuer de glorieuses traditions, voulut le diriger vers la noble carrière de la magistrature. Mais il avait compté sans les puissantes attractions de la grâce et les nobles aspirations de ce jeune cœur, que Dieu avait tout fait pour lui. Comme saint François de Sales, il répondit à sa famille : il faut que je m'occupe des intérêts de la gloire du père des cieux : *in his quæ patris mei sunt oportet me esse*[2]. Quelque bien doué qu'il fût par la nature, quelque heureuse espérance que purent lui donner sa fortune et son éducation distinguée, il ne voulut que J.-C. pour tout héritage : *Dominus pars hæreditatis meæ et calicis mei*[3].

L'heure du sacrifice sonna pour lui. Afin d'ac-

(1) Luc, II, 40.
(2) Luc, II, 49.
(3) Ps., XV, 5.

quérir la science des docteurs et les vertus qui font les saints prêtres, il entra au séminaire de Saint-Sulpice, vrai temple de lumière sacerdotale, qu'ont illustré, par leur science et leur sainteté, les Olier et les Tronson, les Emery et les Boyer. Animé d'un esprit de complète immolation, il se plaça sous la direction absolue du vertueux Tronson, dont les lumières et la piété avaient fait l'oracle de son temps. Il devint la gloire de ses maîtres et le modèle des fervents, dans un sanctuaire de sainteté, gagnant tous les cœurs par sa politesse, son aménité et son dévouement : *Beati mites quoniam possidebunt terram*[1].

Après une année de séjour à Saint-Sulpice, ses pieux projets se trouvèrent tout-à-coup entravés par la mort de son père et de sa mère. Ce fut le premier sacrifice de sa vie, par lequel Dieu, qui voulait rendre son cœur bon et compatissant, comme celui d'une mère, le prépara à boire plus tard au calice amer des contradictions et des épreuves qui furent l'apanage de toute sa vie. Les cœurs les plus éprouvés ne sont pas les moins chers à Dieu. L'or le plus pur a besoin de passer au creuset de l'épreuve, pour être digne du Dieu de toute sainteté. Parce que vous étiez agréable à Dieu, disait l'ange à Tobie, il a fallu que vous fussiez éprouvé : *Quia acceptus eras Deo, necesse fuit ut probaret te*[2].

Obligé de se charger du soin des intérêts de sa famille, et de l'éducation de ses frères, il s'en acquitta, à l'âge de vingt ans, avec une prudence

(1) Matth. V, 4.
(2) Tob. XII, 13.

qui aurait pu servir de modèle aux plus expérimentés. Il se fit, dans la maison paternelle, un sanctuaire intime, où son temps était partagé entre le travail et la prière, et il acheva ses études de théologie à la faculté de Reims. Toujours guidé, dans sa vocation, par ses premiers directeurs, et toujours fidèle à la loi de l'obéissance : *Vir obediens loquetur victorias*[1], il reçut le diaconat avec la ferveur du premier martyr de la foi, et l'on put dire de lui comme de saint Etienne : *Erat plenus gratia et fortitudine Spiritûs sancti*[2].

Deux ans plus tard, l'onction sainte du sacerdoce, en passant sur son front, inonda son cœur d'amour pour la gloire de Dieu et le salut des âmes. Jamais prêtre ne comprit mieux les obligations sacrées inhérentes à la gloire du sacerdoce. Il avait appris de saint Paul, que le sacerdoce est un sacrifice commencé dans l'éternité par Jésus-Christ s'immolant devant son père, achevé sur le calvaire et perpétué dans le temps, en tous ceux qui veulent devenir une portion de la victime, pour avoir une part dans la vertu de l'holocauste. Il savait que le sacerdoce doit être une immolation de l'homme ajoutée à celle d'un Dieu, et que celui-là seul y est appelé, qui a compris la beauté des âmes et senti en son cœur le désir et le courage de tout leur sacrifier, même la vie, pour en faire la conquête et leur ouvrir le Ciel.

Jeune enfant de chœur, il édifiait le prêtre à l'autel; prêtre, il édifiait les peuples, qui se sentaient embrasés de foi et d'amour, en le voyant célébrer

(1) Prov., XXI, 28.
(2) Act., VI, 8.

les saints Mystères. Pourvu d'un riche canonicat, que lui avaient valu sa science et sa vertu, il n'en fit point le prétexte d'une vie oisive. Tout le temps que lui laissaient ses fonctions canoniales était consacré à des œuvres de zèle.

Le Sauveur du monde, dans sa mission parmi les hommes, a accompli trois fonctions : la prière, l'apostolat et le sacrifice. Ce fut en imitant ce divin modèle que Notre Bienheureux immortalisa sa vie de dévouement à Dieu et à l'humanité. Les premiers objets de sa tendresse, ce furent les enfants pauvres et abandonnés, qu'il adopta avec la chacharité de la mère la plus compatissante, les recherchant dans les réduits les plus obscurs, pour les vêtir, les nourrir et les instruire.

Le fils de Dieu est venu apporter au monde la plénitude de la vie : *Ego veni ut vitam abundantius habeant*[1].

Avant lui, la mort était dans la souffrance qui était un mal sans consolation. Jésus a passé sa vie en but à la persécution et à la douleur ; il a jeté au monde cette étonnante parole : *Beati qui lugent, beati qui patiuntur, quoniam consolabuntur*[2].

Avant Jésus-Christ, la faiblesse de l'enfant était l'objet de tous les mépris et de toutes les cruautés, qui allaient jusqu'à le vouer à la mort, quand sa constitution physique ne parvenait pas à lui faire trouver grâce, aux yeux d'un père farouche. Jésus-Christ est venu au monde, petit enfant pauvre et faible. Dès le début de sa carrière mortelle, il a

(1) Joan., X, 10.
(2) Matth., V, 5.

dit : laissez les petits venir à moi : *Sinite parvulos venire ad me*[1]. C'est qu'il avait à leur apprendre une science que les rhéteurs ni les philosophes n'ont point connue, la science de Dieu, la science de l'homme, de ses devoirs et de ses destinées. Ils sont venus ces petits, ces pauvres, écouter le Maître qui les appelaient ; ils l'ont entendu, ils ont cru, et le monde a été renouvelé. Dès lors, il s'est rencontré dans la raison du pauvre laboureur, instruit par la religion chrétienne, infiniment plus de vraie lumière que dans le génie d'Aristote et de Platon, qui n'ont su que douter.

Laissez les petits venir à moi. Un jour que les apôtres, le cœur troublé par le souffle de l'ambition, avaient eu la témérité de demander à leur Maître quelle place était réservée à chacun d'eux, dans son nouveau royaume, Jésus leur présentant un petit enfant, leur dit : Si vos sentiments ne deviennent humbles et simples comme ceux de cet enfant, sachez que vous n'entrerez point dans le royaume des cieux : *nisi efficiamini sicut parvuli non intrabitis in regnum cœlorum*[2].

Jésus aimait l'enfant lorsque, de son regard divin, scrutant les siècles à venir, et voyant les scandales du monde, il prononçait une parole infaillible, qui restera jusqu'à la fin des temps, comme un glaive de feu, et un anathème indélébile, sur la tête de tous les contempteurs et les profanateurs de l'âme de l'enfant : *Væ illis, quia in via Caïn abierunt*[3]. Malheur à ceux-là qui sont les imitateurs de Caïn :

(1) Marc, X, 14.
(2) Matth., XVIII, 3.
(3) Jud., I, 11.

il serait mieux qu'ils ne fussent pas nés : *Videte ne contemnatis unum de pusillis istis*[1]. Prenez garde à ne mépriser aucun de ces petits, parce que c'est une âme créée de Dieu, rachetée au prix du sang d'un Dieu, et appelée à posséder Dieu dans sa gloire.

Pourquoi l'Eglise recherche-t-elle l'enfance abandonnée, l'orphelin délaissé ? Pourquoi voyons-nous cette multitude de cœurs vierges consacrés à Dieu, qui ont voué à l'enfant une tendresse paternelle ? Ah ! c'est que l'Eglise a regardé la crèche de Bethléem, elle y a vu un petit enfant, Dieu, né pour nous : *Parvulus natus est nobis*[2]. Cet enfant se nomme Jésus, il a daigné, par amour pour nous, se revêtir des livrées et des faiblesses de l'enfant.

A l'exemple de son divin Maître, le Bienheureux de La Salle aimait l'enfant, l'enfant du peuple et du pauvre, lorsque, pour lui ouvrir les horizons de la science et de la foi, il résolut de lui consacrer toutes les énergies et toutes les puissances de son âme. Il sacrifia à l'éducation de l'enfant sa riche prébende et, bientôt après, son patrimoine. Il renonça à toutes les douceurs de la vie, à son repos, à sa santé. Il fit de toute sa vie une immolation constante, pour distribuer à la jeunesse, avec le pain matériel, l'aliment de l'intelligence et la nourriture de l'âme, par l'instruction et les leçons de la vertu. Il aimait l'enfant, lorsqu'après avoir formé ces vaillantes légions de jeunes instituteurs, au cœur vierge, il leur disait : allez, mes chers et bien aimés frères,

(1) Matth., XIII, 10.
(2) Isaï, IX, 6.

sur toute la surface du monde, recueillir les enfants ignorants et pauvres; quittez votre famille et votre patrie, pour enfermer toute votre existence dans l'étroite enceinte d'une école de village; consacrez à l'instruction de l'enfance tout ce que Dieu a mis en vous d'intelligence et de force.

Cet appel généreux, venu du Ciel, en passant par le cœur du Bienheureux de La Salle, a transformé la population des campagnes et la France toute entière. Il a plus fait pour la civilisation de la France et de l'Europe, que les plus puissants conquérants et les plus habiles législateurs des peuples. On admire un conquérant, on est saisi d'enthousiasme pour la gloire qu'il a conquise, en passant à travers le monde comme un fléau de Dieu, marquant son passage par des flots de larmes et de sang répandus pour satisfaire son ambition, par le deuil et le désespoir portés dans des milliers de familles.

Combien il est plus digne d'admiration, de respect, de reconnaissance et d'amour, notre Bienheureux qui passa dans le monde, faisant le bien : *Transibat benefaciendo*, soulageant toutes les misères, consolant toutes les afflictions et guérissant toutes les maladies de l'âme, témoins ces hérétiques et ces pécheurs endurcis, qu'il poursuivait avec la tendresse de son cœur, et qu'il ramenait à Dieu par le prestige de sa mansuétude. Quiconque avait ressenti les ardeurs de son âme, brûlante de charité, était ramené sur le chemin de l'honneur et de la vertu : les intelligences étaient rattachées à la souveraine vérité, et les cœurs au souverain bien, par la force de son zèle et l'éclat de ses exemples.

**

II

Les temps étaient mauvais : le *Roi-Soleil* touchait à la fin de sa course, désillusionné, abandonné de ceux-là même qui avaient passé leur vie à encenser son orgueil, pour obtenir ses faveurs. L'influence de ses funestes exemples avait gangrené la société, par des vices élégants et raffinés. Louis XIV, fomentant et entretenant la guerre sur tous les points de l'Europe, pour satisfaire son ambition démesurée, avait ruiné la France. De cruelles famines répandaient la désolation dans les campagnes. Cette détresse n'était égalée que par la misère morale, propagée par les ténèbres de l'ignorance et la corruption des mœurs. Les hautes classes sociales se berçaient trop facilement de ce préjugé, que le peuple des campagnes ne pouvait avoir d'autre destinée, que celle de donner son sang sur les champs de bataille, et son or pour les plaisirs de la cour.

Qui pourra cicatriser ces lamentables plaies ? Qui fera passer un souffle de vie sur ces ossements arides ? Qui rendra la vie à ce Lazare, qui s'appelle le peuple, endormi dans le linceul de ses vices ? Qui versera les eaux de la grâce et les lumières de l'Evangile au sein de ce désert moral ? Qui fera germer la vérité et la vertu, sur le sable de tant d'âmes stérilisées par l'ignorance et l'oppression ?

Le feu sacré de l'amour des âmes, allumé sur le Calvaire, le rayon de lumière divine sorti du Cénacle, avec cette parole du fils de Dieu : Allez, enseignez toutes les nations, *Docete omnes gentes*[1], ne sont pas éteints dans le monde. A travers tous les siècles, Dieu a eu ses apôtres choisis, pour perpétuer le règne de la vérité.

Le *Bienheureux* de La Salle a été un des plus puissants propagateurs de cet apostolat dans l'Eglise, en fondant l'Institut des Frères de la doctrine chrétienne. L'Institut fut humble dans sa naissance; mais, comme toutes les œuvres marquées du doigt de Dieu, il grandit chaque jour dans de merveilleuses proportions. Le grain de froment est humble et faible dans le sillon, mais il devient glorieux et fécond, quand il s'est élancé de terre, en tige verdoyante et en épi jaunissant. Le grain de senevé est la plus imperceptible des semences, et quand il a été emporté sur les ailes des vents, déposé dans le creux d'un rocher, et que Dieu a envoyé sa rosée et les rayons de son soleil, il devient un grand arbre où les oiseaux du ciel viennent s'abriter. Tel fut ce modeste noviciat fondé dans une petite maison de Reims. Agité par le souffle de la persécution, et toujours soutenu par le souffle de l'esprit de Dieu, il s'épanouit en glorieux fruits de salut.

Monsieur de La Salle commença à s'adjoindre quelques instituteurs de bonne volonté, partageant leurs travaux, vivant à la même table, d'un régime plus que frugal, les remplaçant souvent sur les bancs de l'école, enseignant aux enfants, la lecture, l'écriture, l'arithmétique, les premiers éléments de la langue et surtout la doctrine chrétienne, qui ouvre à l'intelligence de l'enfant, avide de connaître, les

(1) Matth., XXVIII, 19.

horizons de l'éternelle vérité. Qu'il était ravissant ce jeune prêtre, lorsqu'après avoir distribué tous ses biens aux pauvres, renoncé à toutes les jouissances de la vie, à toutes les vanités de la gloire humaine, il enfermait sa vie, dans une école obscure, passant les nuits en prière, et les jours à instruire de pauvres petits enfants recueillis dans les hameaux et les faubourgs des cités. Qu'il eût été doux de le contempler, lorsque, à l'exemple du divin Sauveur, pressant de pauvres enfants dans ses bras, il les bénissait avec un amour paternel : *Complexans eos, imponens manus benedicebat*[1]. Il leur nommait le Père qui est dans les cieux, le Fils qui nous a rachetés, le Saint-Esprit qui nous a régénérés, familiarisant ainsi ces jeunes intelligences avec les ineffables mystères de la foi et de la grâce. Il les initiait à la connaissance de l'amour infini qui a porté le fils de Dieu à devenir notre frère ; leur racontant la divine histoire de la naissance de Jésus à Bethléem, et des mystères de son enfance ; versant ainsi dans leur cœur les rayons purs de la vérité, de la divine bonté et de la lumière éternelle ; faisant couler dans leur âme, avec le lait de la science, le miel des plus sublimes révélations de l'ordre surnaturel et divin.

Le nombre de ses disciples attirés par le prestige de sa bonté et l'exemple de son dévouement, grandissait chaque jour. Il en choisit douze des plus expérimentés par leur prudence et leur sagesse, afin de se concerter avec eux sur les constitutions qu'ils donneraient à la Société naissante. Ils se

(1) Marc, X, 16.

retirèrent ensemble dans le cénacle de la prière, pour implorer les lumières de l'Esprit-Saint. Lorsque Dieu fit choix du père des croyants, pour conserver parmi son peuple les lumières de la vérité divine, il le conduisit dans le désert des vastes plaines de la Chaldée. Là, élevant ses regards vers le ciel, il l'invita à compter les étoiles du firmament, en lui promettant que sa postérité serait plus nombreuse. De même, quand Dieu conduisit notre *Bienheureux* dans la retraite, il le bénit, le combla de ses lumières et de ses grâces ; et soulevant le voile de l'avenir devant les regards de son âme, il put l'inviter à compter les phalanges pacifiques de disciples qui devaient naitre de sa foi et de sa charité, pour propager les lumières de la science et de la vertu dans le monde, et consoler, à travers les siècles, l'Eglise dans ses combats pour la vérité.

Le Bienheureux de La Salle entra dans la solitude, pour rédiger ses constitutions, parce qu'il avait appris, durant les années de sa préparation au sacerdoce, que c'est dans la retraite que Dieu se plaît à parler au cœur de bonne volonté : *Ducam eam in solitudinem, et loquar ad cor ejus*[1]. Si la science humaine s'acquiert dans le commerce avec les hommes, la sagesse divine ne se manifeste que dans le silence de la retraite. C'est dans ce colloque intime de l'âme avec Dieu, que les esprits s'illuminent aux clartés de la foi, que les caractères se retrempent par l'opération du Saint-Esprit, et que l'homme tout entier reçoit l'impulsion vigoureuse qui décide de son avenir. La solitude avec Dieu devient le gage

(1) Osée, II, 14.

des communications célestes. Notre Bienheureux y puisa la lumière qui éclaira toute sa vie, et la sagesse qui devint l'âme des Constitutions de son Institut. N'est-ce pas toujours ce même esprit d'humilité, de prière et de recueillement en Dieu, qui anime et soutient, dans leur vocation, les fils de La Salle, tandis que nous voyons les enfants du siècle élever la jeunesse contemporaine dans les sentiments d'un orgueil insensé, qui prépare les plus funestes révolutions contre Dieu et la société.

L'abbé de La Salle et ses compagnons prirent le nom de Frères de la Doctrine chrétienne et s'engagèrent à la mission de l'enseignement, par les trois vœux de *pauvreté*, de *chasteté* et d'*obéissance*, trois sources d'une fécondité prodigieuse, se confondant en un seul et même fleuve de charité, qui vient de Dieu, traverse le monde depuis dix-huit siècles, en reflétant les clartés des cieux dans la pureté de ses ondes, et faisant naître sur son passage les plus sublimes héroïsmes.

Pauvreté volontaire, chasteté et obéissance, trois flammes pures qui font monter les âmes dans les régions de l'ordre surnaturel et divin, où se taisent les voix du monde, où l'âme dégagée des liens de la nature, se plonge dans l'océan de l'amour infini, pour revenir vers ses frères, plus généreuse, plus dévouée, plus aimante, capable de se donner tout entière pour leur salut et leur bonheur, comme a fait celui dont elle a reçu l'empreinte, par les communications de la grâce et de l'amour.

Le *Bienheureux* de La Salle a été un puissant

organisateur du dévouement chrétien dans l'Eglise. Le dévouement aux misères physiques et morales de nos frères est né de la parole et de l'exemple d'un Dieu, le jour où le Christ a dit à l'humanité : Tout ce que vous ferez au dernier des miens, c'est à moi-même que vous l'aurez fait. La charité a trouvé dans cette glorieuse fraternité de tous les enfants des hommes avec Jésus-Christ, une flamme d'amour pur qui la rendit capable de tous les dévouements. Cette flamme vivifiante a traversé des orages qui menaçaient d'éteindre les plus nobles passions du cœur de l'homme. De nos jours encore, au milieu du choc des ambitions et des intérêts divers, c'est cette flamme du dévouement chrétien qui soutient parmi nous les œuvres les plus généreuses, en rallumant sans cesse au sein de la patrie le flambeau de la foi, au foyer de la charité des fils du *Bienheureux* de La Salle, et des filles de Saint-Vincent de Paul.

Pour nous engager à cette vie de dévouement, le Fils de Dieu a placé sous nos yeux un modèle ineffable de charité ; ce modèle, c'est lui-même, lui non seulement prêchant la charité, mais mourant pour ses frères, mourant après avoir épuisé la dernière goutte de son sang, mourant en étendant les bras vers tous les temps et vers tous les lieux, pour étreindre, dans l'effusion de son amour, tous les malheureux enfants d'Adam.

Telle est l'origine de ces dévouements héroïques, que nous lisons à chaque page du grand livre de la vie des Saints. C'est par la vertu des trois grandes immolations de la nature humaine, qui s'appellent : pauvreté volontaire, chasteté et obéissance, que le dévouement a eu ses plus glorieuses manifestations; trois vertus fécondes, opposées aux trois grandes concupiscences qui stérilisent l'être humain, dans la vie des sens et les étreintes de l'égoïsme : *Omne quod est in mundo, concupiscentia carnis est, et concupiscentia oculorum, et superbia vitæ*[1].

L'amour de la *pauvreté* volontaire a pris naissance à la crèche et au calvaire, dans les abnégations d'un Dieu fait homme, qui a choisi pour mère une vierge pauvre, pour père adoptif un pauvre artisan, pour disciples de pauvres pêcheurs. Une pauvre étable et une pauvre crèche furent son palais et son berceau, de pauvres pâtres furent ses premiers adorateurs ; puis il vécut d'aumônes, mourut délaissé et fut enseveli dans un tombeau d'emprunt, laissant pour tout héritage aux siens, une croix de bois et un linceul. Sa première maxime jetée aux échos du monde, qui la redisent encore, fut celle-ci : *Beati pauperes spiritu*. Plus tard il ajouta : Malheur à vous riches : *Væ vobis divitibus*[2]. Cependant ne croyez pas que, par ces paroles, il ait voulu jeter une malédiction aux riches, puisqu'il les appelle à lui dans la personne des rois Mages, qu'il les bénit dans celle de Matthieu, qu'il les honore chez Zachée et chez Lazare. Mais il a voulu flétrir la cupidité qui met son cœur et sa fin dans les richesses. Dès ce jour, le riche comprit sa mission de bienfaisance, le pauvre, sa dignité.

Le Sauveur du monde a dit encore : « Celui qui « ne renonce à tout ce qu'il possède, ne peut être

(1) Joan., II, 16.
(2) Luc, VI, 24

« mon disciple : *Omnis ex vobis, qui non renun-*
« *tiat omnibus quæ possidet, non potest meus*
« *esse discipulus*[1] ». Ce que l'Evangile demande à l'homme, c'est le renoncement de cœur et d'affection aux biens périssables de la terre, qui lui permet de réserver son superflu pour les pauvres, et la première place dans son cœur pour le bien infini. Le Sauveur nous révèle une forme plus parfaite du renoncement, quand répondant au jeune homme, qui lui avait demandé ce qu'il fallait faire pour obtenir la vie éternelle, il lui dit : Observez les commandements ; je les ai gardés dès mon enfance, dit le jeune homme. Si vous voulez être parfait, ajouta le maître, allez, vendez tout ce que vous avez, distribuez-le aux pauvres, vous aurez un trésor infini dans le ciel, puis venez et suivez moi.

Cette parole, chers Frères, vous l'avez entendue, dès votre jeunesse, et vous y avez été fidèles. Vous avez renoncé à toutes les ambitions mondaines, pour suivre Jésus-Christ, divin Roi des pauvres, qui s'est fait pauvre pour nous enrichir de ses dons. Par amour pour lui, vous vous êtes condamnés à une vie de perpétuel renoncement, à une nourriture vulgaire, que vous ne vous accordez qu'avec parcimonie ; à un vêtement grossier, qui a la gloire de devenir souvent un objet de raillerie : *Ibant gaudentes, quoniam digni habiti sunt pro nomine Jesu contumeliam pati*[2] ; à une couche qui, suffisant à peine à la nature, repousse toute mollesse. Et n'est-il pas vrai que vous trouvez dans ce

(1) Luc, XIV, 33.
(2) Act., V, 41.

dépouillement volontaire, des douceurs célestes, des joies ineffables, inconnues au palais des grands ? Ah ! c'est que la joie vraie, la joie sainte et pure n'est pas dans les satisfactions mensongères qui s'appellent le plaisir. La joie sereine, qui n'a rien à craindre de l'œil de Dieu, ni de l'œil des hommes, est un rayon du ciel, qui s'épanouit dans une conscience satisfaite du devoir accompli et de la vertu pratiquée : *Vende quæ habes et veni, sequere me*[1].

Telle est la perfection du renoncement chrétien. Tous n'y sont pas appelés, mais tous doivent l'envier à ceux qui ont le courage de renoncer aux espérances de la terre, pour ne rechercher que les immortelles espérances des enfants de Dieu, qui craindraient de ne pas l'aimer assez, s'ils conservaient un regard, une affection pour les vanités terrestres. — Cette parole divine a été recueillie par l'Eglise, héritière de l'esprit et des maximes du Maître. De là on a vu, à tous les âges de l'Eglise, ces vaillants chrétiens qui, fidèles à ce renoncement héroïque, à ce généreux dépouillement, ont tout donné et se sont donnés eux-mêmes aux pauvres, pour les assister, aux enfants abandonnés, pour les instruire, à tout ce qui souffre et pleure, en répandant autour d'eux les joies de l'espérance et le baume des célestes consolations.

Jean-Baptiste de La Salle aimait le renoncement, la pauvreté et les pauvres, lorsqu'après leur avoir distribué tous ses biens, il vivait avec ses disciples, d'aumônes qu'ils étaient quelquefois obligés d'aller mendier. Cet excès d'humilité apparaîtra peut-être,

(1) Matth., XIX, 21.

aux orgueilleux de notre siècle, comme une folie digne de tous les mépris; mais il y a la folie de la croix, qu'ils ignorent : *nos stulti propter Christum*[1].

Les amis de la pauvreté volontaire attendent leur subsistance du Père des cieux, à qui ils ne cessent d'adresser avec foi cette prière, qui fait vivre les oiseaux du ciel, descendre la rosée du matin et les rayons du soleil, sur le champ des pécheurs, comme sur celui des justes : *Panem nostrum quotidianum, da nobis hodie.* Les hommes, ne sont-ils pas tous des mendiants devant Dieu, obligés de lui demander le pain quotidien, indispensable à la table du riche, comme à celle du pauvre. Il suffirait de deux saisons où Dieu n'ouvrirait plus sa main libérale sur le monde, pour voir l'humanité expirer dans les angoisses de la faim : *Aperis manum tuam et imples omne animal benedictione*[2]. Malgré son orgueil sans bornes, la société contemporaine n'est-elle par remplie de mendiants et de quémandeurs disposés à toutes les bassesses pour obtenir quelque faveur de ceux qui sont placés, pour un jour, au pouvoir. Si le *Bienheureux* de La Salle voulut pratiquer la pauvreté, jusqu'à cet excès d'humilité, il ne se courba jamais devant l'homme, mais devant Dieu, en qui seul il avait mis toute sa confiance.

La seconde immolation de l'âme chrétienne, qui veut faire de sa vie un holocauste d'amour pour Dieu, c'est la chasteté qui l'opère. Née de l'amour de Dieu, la chasteté en est aussi le plus pur aliment.

(1) I. Cor., IV, 10.
(2) Psaume XLIV, 16.

Elle purifie toutes les affections, elle ennoblit tous les sentiments et enfante toutes les vertus. Elle ouvre le cœur aux plus généreuses aspirations, et le prépare aux plus sublimes dévouements. C'est elle qui ouvre, aux regards de l'âme, les plus purs horizons de la vérité, en lui permettant de réaliser, dès cette vie, la béatitude proclamée par le Sauveur : *Beati mundo corde, quoniam Deum videbunt.* Les âmes pures voient Dieu dans les lumineuses clartés de la foi; elles le voient dans leur cœur qui reflète ses perfections; elles voient sa gloire à travers les magnificences de la création, comme dans un miroir : *Videmus nunc per speculum in œnigmate*[1]. Plus une âme est parvenue à se détacher d'elle-même et de son corps, du monde des créatures et des affections terrestres, pour fixer son regard en Dieu, plus elle devient apte à connaître Dieu et ses divines splendeurs. L'âme qui vit dans les clartés de la pureté, acquiert une puissance angélique. Son intelligence grandit, en découvrant des horizons inconnus aux âmes vulgaires. C'est en s'élevant dans les glorieuses ascensions de la pureté, que les saints docteurs ont pénétré l'essence divine. C'est grâce à la pureté de son âme, que l'ange de l'école, saint Thomas d'Acquin, pénétrant le mystère de toutes les sciences, éleva le monument de gloire qui s'appelle la *Somme Théologique,* et que les siècles ne pourront se lasser d'admirer.

Le Bienheureux de La Salle a voulu que la chasteté fut la couronne de gloire de ses disciples, et la

(1) I, Cor., XIII, 12.

source de leurs inépuisables dévouements. De nos jours, on a beaucoup écrit et beaucoup déclamé contre le célibat des prêtres et des religieux. On a trouvé qu'il était plus facile de le décrier et de le calomnier que de l'imiter. Ce que l'impiété poursuit par ses sarcasmes, c'est la doctrine du Christ, qui seule peut inspirer la chasteté et fournir les moyens qui la préservent de la corruption du siècle.

La chasteté a pris naissance parmi les hommes, le jour où le divin réparateur a fait entendre au monde une parole qui n'avait pas été entendue avant lui, en proclamant la béatitude et la gloire des cœurs purs. C'est elle qui a produit, au sein de l'Eglise catholique, les nobles dévouements que vous chercheriez en vain dans les sectes enfantées par le Mahométisme, le Protestantisme ou le Rationalisme. C'est elle qui conduit le missionnaire catholique et le Frère des écoles chrétiennes, sur les plages lointaines, à la recherche du sauvage errant dans ses forêts, heureux de lui donner leur vie pour conquérir son âme à Jésus-Christ. Tandis que le Protestantisme, qui dépense annuellement vingt-six millions, pour envoyer aux peuples idolâtres de prétendus missionnaires qui ne sont que des colporteurs de bibles et des trafiquants en denrées coloniales, les donnerait, je ne dis pas pour créer un seul prêtre, mais un Frère de la doctrine chrétienne, chaste et désintéressé ; l'Eglise catholique produit des merveilles de charité, et convertit le monde par la chasteté et l'obéissance de ses missionnaires.

A ceux qui nous disent que le célibat, par le vœu de chasteté, est un obstacle au développement et à l'accroissement de la population dans la société, il est facile de répondre que la société perd tous les jours, dans la débauche, une incalculable quantité de vie, qui suffirait pour doubler les populations, en moins d'un demi-siècle. Qui ne sait que le vice tue plus de jeunes gens, et détruit plus de familles, que le choléra et les plus sanglantes guerres!

Je sais bien que, dans notre siècle de décadence morale, où l'on ne croit plus à la vertu, parce qu'on est devenu incapable de vertu, on a dit que le célibat religieux n'était qu'un voile hypocrite, qui ne trompe que les simples et les ignorants. Nous connaissons trop la devise des fils de Voltaire, pour être étonnés de ces déclamations de l'impiété moderne. Il faut mentir, criait le chef, non pas timidement, mais hardiment et toujours. Les disciples continuent l'œuvre du maître. Ils mentent et crient contre le vrai et le juste, contre l'Eglise et le Pape, contre le prêtre et le religieux.

S'il survient, dans la société religieuse, une défection, car l'Eglise, humaine dans ses membres, demeure sujette aux faiblesses de l'humanité, on grossit la faute, on la charge de couleurs, on la jette aux quatre vents du monde, puis on écrit en grosses lettres : *Ab uno disce omnes ;* par un seul, apprenez à les connaitre tous. La conclusion n'est pas rigoureusement logique, car l'exception, loin d'infirmer la règle et le principe, ne fait que les confirmer.

Quand le jour présent n'apporte rien à la chronique scandaleuse, on invente hardiment. Bientôt viendront les démentis, on se garde de les reproduire ; ou bien, on en appelle à meilleure information, la calomnie demeure et suit son cours.

La troisième force des fils du Bienheureux de La Salle est celle que leur communique le vœu d'obéissance, non pas de cette obéissance servile, qui courbe et fait trembler l'enfant du siècle, devant un maître dur, capricieux et rarement désintéressé; devant un maître souvent injuste, parce qu'il s'est privé de l'honneur de commander de la part de Dieu; mais cette obéissance spontanée, douce et filiale, qui voit dans tout supérieur un ami, un frère, un père, image de la bonté du père des cieux.

Quand Dieu a dit à l'homme : Donne-moi ton cœur, *præbe, fili mi, cor tuum mihi*[1], il lui a laissé la liberté de dire non, afin qu'il eût toute gloire à lui dire spontanément : oui, ô mon Dieu, je veux que ma volonté et mon cœur soient à vous.

La vie de l'homme, ici bas, n'est qu'une obéissance plus ou moins volontaire. Sans l'obéissance, l'homme ne s'appartient pas. Il est peu maître de son corps, qui s'unit à son âme, sans qu'il le sache, et qui s'en sépare, sans qu'il le veuille. Il est peu maître de ses pensées, qui naissent souvent en son esprit, sans l'appel de la volonté, et qui s'enfuient comme des nuages chassés par les vents. Il est peu maître des richesses, que la roue de la fortune lui jette aujourd'hui comme une poussière, qu'elle lui ravira demain. Mais l'homme est vraiment grand et fort, quand, après avoir dit à Dieu : ma volonté est libre, je vous la donne, afin que votre volonté soit toujours et partout la mienne. Il participe alors à la force et à la gloire de Dieu.

L'obéissance est la première force de ce monde.

(1) Proverbe XXIII, 26.

Le soldat ne sert la patrie que par l'obéissance, en disant à son chef : je n'attends qu'un signe, pour me placer en face des canons ennemis. Le magistrat ne sert la justice, que par l'obéissance qui lui fait dire à sa conscience : la loi et rien que la loi.

Cet holocauste de la volonté humaine ne peut être offert que sous le regard de Dieu, sur l'autel de la foi. En dehors de la religion, qui rattache les volontés à la volonté du Maitre-Souverain, vous n'aurez que des esclaves. Voyez cet homme si fier et si dédaigneux des enseignements de l'Evangile, qui prétend exercer sa liberté, sans la rattacher à la volonté divine. Suivez cet homme qui se déclare affranchi de toute dépendance : à peine a-t-il marché quelque temps, dans les voies de sa prétendue liberté, qu'une passion lui dit : suis-moi, il la suit; abaisse-toi, il s'abaisse; dégrade-toi, il se dégrade. Quand la passion l'a fait passer où il ne voulait pas; quand elle a brisé son énergie, paralysé sa volonté, cet homme découvre, un jour, qu'il n'est plus qu'un esclave. C'est qu'on ne méprise pas impunément les lois établies par la Providence.

L'abnégation de la volonté personnelle, pour entrer en communion avec la volonté divine, est une participation à la volonté de Dieu. Aussi, lorsque par l'amour, la volonté de l'homme s'unit à la volonté de Dieu, elle participe à la puissance de l'amour infini, qui est descendu jusqu'à nous, pour nous donner l'exemple de l'obéissance, et nous faire remonter, par elle, jusqu'à lui.

L'obéissance est la véritable liberté des enfants de Dieu. C'est elle qui peuple le ciel de légions d'anges venus de la terre. En dehors du Catholicisme, vous pourrez trouver le servilisme, mais vous ne trouverez nulle part cette obéissance qui a pour principe et pour fin l'amour de Dieu et l'amour de nos frères, pour Dieu. C'est pour cela qu'un illustre homme d'Etat, Guizot, a dit : *le catholicisme est la plus grande, la plus sainte école de respect qu'ait jamais vue le monde*[1].

Aujourd'hui l'obéissance par le respect des droits de Dieu a été remplacée par l'insubordination, qui substitue, de toutes parts, les passions mauvaises du cœur humain à la volonté divine. Qu'est-ce qu'on entend, de nos jours, par révolution, si ce n'est une réaction formidable des passions contre le règne social de Jésus-Christ ? La révolution bannit Jésus-Christ du Gouvernement des Etats qui ne cherchent plus, dans son autorité, la consécration de la leur; elle le bannit des lois qui ne s'inspirent plus de sa loi; elle le bannit de la famille constituée en dehors de sa bénédiction; elle le bannit de l'école, où sa doctrine n'est plus la lumière des intelligences et l'attraction des cœurs.

Il fallait dans le monde chrétien une école nouvelle, l'Ecole de la Doctrine chrétienne, où l'obéissance et le respect, pour toute autorité respectable, seraient le fondement de l'éducation. Aussi, je comprends que le Bienheureux de La Salle, tout animé de l'esprit de Dieu, ait voulu faire de l'obéissance l'âme toujours vivante de son Institut. Lui-même l'avait pratiquée, durant toute sa vie, avec un religieux dévouement. Dans sa jeunesse, il obéissait avec amour à ses parents; sur les bancs de l'école,

(1) Guizot, *Catholicisme et Philosophie*.

***

il obéissait à ses maîtres, avec une simplicité d'enfant; dans toutes ses entreprises, il se plaçait humblement sous la volonté de ses pieux directeurs, qui s'appelaient Tronson, Rolland et le père Barré, de sainte mémoire. Il ne l'exigea de ses disciples qu'après en avoir donné l'exemple, jusqu'à l'héroïsme et jusqu'à la plus complète abnégation de sa volonté, afin d'être toujours conduit par la volonté divine : *cœpit facere et docere*[1].

Comme l'apôtre de la dilection, au terme de sa carrière, ne savait que redire à ses disciples : *diligite invicem*, de même le Bienheureux de La Salle se plaisait à redire sans cesse à ses Frères ces touchantes paroles, qui résument trente années de la vie du Sauveur : Souvenez-vous que Jésus, créateur des mondes, était soumis à Marie et à Joseph, *et erat subditus illis*[2]. En entrant dans le monde, il dit à son père : *Ecce venio ut faciam voluntatem tuam*[3]. Au terme de sa carrière, il révèle à ses disciples, la force invisible de son âme : *Meus cibus ut faciam voluntatem ejus qui misit me*[4]. Jésus était obéissant à dix, à quinze, à vingt et à trente ans.

Notre Bienheureux a fondé la pratique de l'obéissance sur l'humilité. L'obéissance et l'humilité répugnent à la nature humaine déchue; il a fallu la doctrine et l'exemple d'un Dieu, pour les imposer à l'homme. Toutes les théories inventées par l'esprit humain, nées de l'orgueil, n'enfantent que l'orgueil. Et pourtant l'humilité n'est pas une vertu néces-

(1) Act. I, 1.
(2) Luc, II, 51.
(3) Hebr., X, 9.
(4) Joan., IV, 34.

saire seulement à ceux qui se sont voués au cloître ; c'est une vertu morale et sociale, dont personne ne peut se passer. La société est un corps; or la force et la beauté d'un corps sont le résultat de l'humble obéissance, c'est-à-dire de la dépendance des membres entre eux. Si les divers membres d'un corps voulaient usurper les uns sur les autres, il n'y aurait plus harmonie et fraternité, mais anarchie, désordre et dissolution. De nos jours, on proclame bien haut le droit de tous à l'égalité de nature; mais cette égalité, si vantée et si peu pratiquée, si elle pouvait produire une fraternité, ce ne serait que la fraternité de Caïn, fondée sur l'orgueil, l'insubordination et la violence.

L'obéissance humble et filiale, telle est la force secrète qui enchaîne, à la fleur des années, le Frère du Bienheureux de La Salle, dans une pauvre école de village, sans autre rémunération que le bon témoignage de sa conscience, et le regard consolant et fortifiant du Père des cieux. S'il conserve la liberté de sortir de sa condition de pauvreté, de travail et d'humilité, parce que ces vœux sont temporaires, c'est pour avoir le bonheur et la gloire de renouveler son sacrifice, tous les cinq ans, en redisant amoureusement à Dieu : Mon Dieu, vous aimer et vous servir toute ma vie, vivre et mourir en vous aimant, telle est l'unique gloire que je vous demande.

III

Jésus-Christ a dit aux hommes : Je suis venu apporter un feu sur la terre : *Ignem veni mittere in terram*[1]. Ce feu sacré, qui ne s'est jamais éteint dans l'Eglise, c'est celui du dévouement et du sacrifice. Jésus-Christ règne et domine par le feu de l'amour divin, qu'il est venu allumer dans les âmes. Il a dit : Je veux être aimé jusqu'au dévouement, qui renonce à tout pour me suivre. Depuis deux siècles, nous voyons les Fils de La Salle renoncer généreusement à toutes les espérances du monde, quitter leur famille et leur patrie, pour conquérir l'esprit et le cœur de peuples à demi-sauvages, de ces Arabes volages et cruels, conserver ainsi et agrandir, au profit de la mère-patrie, la France, des possessions lointaines que souvent ne pourraient lui assurer, ni la force des armes, ni les ressources de la diplomatie.

Jésus-Christ a dit : Je veux être aimé jusqu'au dévouement, qui donne sa vie pour prouver son amour. Depuis deux siècles, les Fils de La Salle offrent au monde l'exemple de cet amour qui donne sa vie pour des frères. Ne les a-t-on pas vus, à l'heure des calamités sociales, parcourir, au péril de leurs jours, les hameaux ou les faubourgs des cités, frappés de quelque mortelle épidémie, répandant le remède qui guérit les malades, ou bien leur ouvrant les voies lumineuses de l'espérance à une vie

(1) Luc, XII, 49.

meilleure, transformant en soupirs de résignation et d'amour les râles de l'agonie.

Ne les a-t-on pas vus, durant ces jours de deuil, qui n'étaient pas sans gloire, alors que le drapeau de la France, rouge du sang de ses enfants, troué de balles, tombait des mains de ceux qui s'étaient fait tuer pour son honneur. Quel était, au milieu du carnage et du sang des batailles, avec le prêtre catholique, l'ange de la consolation et du salut des blessés : Place aux Frères de La Salle, qu'on a voulu appeler les hommes du passé et de l'étranger, tandis qu'ils sont bien réellement les hommes du présent, les anges visibles de la patrie. Ne les a-t-on pas vus s'avancer courageusement, au milieu des boulets qui grondaient et des balles qui sifflaient, pour saisir et emporter dans leurs bras, le jeune soldat tombé meurtri dans un sillon, le panser, le consoler, en lui rappelant, par leur tendresse, le souvenir de la mère absente ?

Le Bienheureux de La Salle, en confiant à ses disciples la mission de perpétuer dans la société le règne de la doctrine et de la morale chrétiennes, a pu leur dire : Allez, mes chers Frères, au milieu du monde, recueillez l'enfance abandonnée, enseignez les ignorants, consolez les affligés, soyez l'appui de ceux qui souffrent et pleurent. Pour prix de vos sacrifices, n'attendez rien des hommes ; au lieu de vous bénir, ils vous calomnieront. Vous répondrez à leurs préjugés par la patience, à leur haine par la douceur, à leurs persécutions par l'amour : *Maledicimur et benedicimus, blasphemamur et obsecramus, persecutionem patimur et sustinemus*[1].

(1) I, Cor., IV, 12.

Comme le divin Maître, le Bienheureux de La Salle, dans un accent d'inspiration divine, a pu dire à ses disciples : Vous serez haïs, parce que je l'ai été moi-même : *Eritis odio propter nomen meum ;* le disciple n'est pas au-dessus du maître, *discipulus non est super magistrum*[1]. Le Sauveur avait ajouté : Quand vous verrez Jérusalem, la cité des grandes merveilles de Dieu, assiégée par de nombreux ennemis, l'heure de la désolation aura sonné, vous devrez alors prendre la fuite, *discedant in aliam civitatem*[2].

Vous serez haïs comme je l'ai été ! La prophétie a-t-elle eu sa réalisation ? Pour répondre, il suffit d'ouvrir le livre de l'histoire contemporaine, de parcourir les colonnes des journaux, qui nous apportent chaque jour le récit de quelques nouvelles persécutions contre votre doctrine chrétienne. N'avez-vous pas été expulsés de milliers d'écoles, où vous avaient appelés la confiance et l'amour des pères de famille, autorité sacrée, la plus sacrée qu'il y ait sur la terre, parce qu'elle est divine. Et quand vous verrez Jérusalem, c'est-à-dire la nation autrefois privilégiée du ciel, la nation des grandes œuvres de Dieu, *gesta Dei per Francos*, la nation, fille aînée de l'Eglise, assiégée par les passions les plus effrénées que l'enfer puisse déchaîner, ce sera l'heure de la puissance des ténèbres ; alors vous fuirez, s'il le faut, *discedant*, vers les contrées plus heureuses des Indes et des deux Amériques, où des peuples vous attendent depuis des siècles, et

(1) Matth., X, 24.
(2) Luc, XX, 21.

vous recevront comme des frères bien aimés, parce que vous portez avec vous la lumière de toute civilisation.

Ils m'ont persécuté, avait dit le Maître, vous serez persécutés. Souvenez-vous que c'est une grâce et une gloire, non-seulement de croire en Jésus-Christ, mais surtout de souffrir pour lui.

De La Salle dut boire à longs traits à la coupe des opprobres. La simplicité de ses premiers disciples, l'humble costume qu'il leur donna et qu'il adopta lui-même, son nouveau genre de vie, avec de pauvres jeunes gens recrutés dans les campagnes, parmi ce qu'il y avait de plus vulgaire : *Nonne omnes isti Galilæi sunt*[1] ? Tout cet attirail de singularité et de misère, leur attirait les critiques du monde, les railleries de la foule, qui les baffonait jusqu'à leur infliger de mauvais traitements. On en fit des risées, on les hua, on en vint jusqu'à leur jeter de la boue au visage, sans que personne n'osât prendre leur défense. Notre Bienheureux lui-même, étant allé remplacer un Frère à l'école, fut souffleté dans la rue ; il dut subir cette avanie pendant plus d'un mois.

A quoi tient le mépris que les hommes déversent sur ce qu'il y a de plus digne de tout respect ? Il tient à quelques hommes qui dominent, et qui par leur influence fascinent la multitude aveugle. Ce troupeau d'esclaves, cette valetaille ne réfléchit pas, elle suit l'exemple, elle exécute aveuglément un mot d'ordre, elle ne connait d'autre mobile que le servilisme de l'imitation.

(1) Ac., II, 7.

La Salle eut à subir d'autres contradictions plus menaçantes et plus dangereuses pour son œuvre. A Paris, où déjà il avait commencé un noviciat, les Maîtres-Jurés le poursuivirent jusqu'à lui faire saisir ses pauvres meubles. A Rouen, Montpellier et d'autres villes, ce sont les membres du haut clergé qui dressent de perfides embûches à l'œuvre naissante. L'archevêque de Paris, un moment influencé par les Jansénistes, devient un adversaire redoutable. L'archevêque de Rouen en vint jusqu'à retirer tout pouvoir à M. de La Salle, comme prêtre et comme directeur d'écoles. Notre Bienheureux, habitué à voir dans les hommes les instruments de la volonté divine, s'inclina sous la violence de l'orage, en conservant la liberté de ses adorations, de sa foi et de sa confiance filiale, en celui qui soutient la faiblesse du roseau, qui abaisse et relève, quand il lui plaît, celui qu'il a choisi pour l'accomplissement de ses desseins providentiels.

Ajoutez à toutes ces oppositions, la jalousie des enfants du siècle, qui haïssant le dévouement religieux, sous quelque forme qu'il se présente, le méprisent, le combattent et le repoussent.

Quiconque, ici bas, est appelé à l'apostolat de la vérité, à la propagation du règne de la foi et de la vertu, doit infailliblement participer à la lutte éternelle de la vérité contre l'erreur, de la vertu contre le vice, de la lumière contre les ténèbres.

Le Fils de La Salle n'accomplit-il pas une sorte de glorieux sacerdoce ? Si le prêtre est établi pour être médiateur entre les âmes et Dieu, le Frère n'est-il pas aussi un médiateur, qui met l'intelligence de l'enfant en communion avec l'éternelle vérité divine, par les lumières de la science et de la foi, et son cœur avec le souverain bien, par les leçons de la vertu. Si le Frère ne monte pas, comme le prêtre, à l'autel eucharistique, chaque jour il monte à l'autel dressé dans son cœur, où il offre à Dieu les sacrifices que lui imposent les devoirs pénibles de sa vocation ; autel sacré où il devient prêtre et victime de son perpétuel dévouement, pour la gloire de Dieu et la sanctification des âmes.

A-t-on jamais réfléchi à tout ce que cache de sacrifice et de mérite l'humble soutane du Frère des Ecoles chrétiennes ? Le jour où il entre dans une classe, il embrasse du regard tout l'horizon où sa vie s'écoulera entre l'obéissance et le travail ; il lit le programme de ses journées jusqu'à l'heure de sa mort. Si, à une heure de tristesse et d'épreuve, le découragement vient à monter en son âme, il contemplera le crucifix de bois appendu aux murs de son école, et il dira amoureusement en son cœur : Celui-là, mon ami et mon frère, mon sauveur et mon Dieu, a subi d'autres douleurs et d'autres sacrifices plus cruels, pour instruire les humbles et les petits, les racheter et leur ouvrir le ciel ; et il continuera ses pénibles labeurs plein de foi et d'espérance aux promesses de l'éternelle patrie. Il ira, ce jeune Frère, à tous les points du monde où le dirigera la loi de l'obéissance, pour enseigner l'alphabet et la Doctrine chrétienne à de pauvres petits enfants, qui lui seront confiés paresseux, vicieux, d'intelligence obtuse, de caractère rebelle, et qu'il devra rendre laborieux, dociles et dévoués, en leur inspirant l'esprit d'obéissance dans la famille, avec des habitudes d'esprit et de cœur, qui deviendront des vertus sociales.

Je comprends maintenant que les disciples du Bienheureux de La Salle s'appellent les Frères de la Doctrine chrétienne, c'est-à-dire les propagateurs de la Doctrine du Christ; doctrine qui est leur lumière, leur force et leur gloire ; doctrine que les apôtres ont enseignée au monde, au prix de leur vie, que quinze millions de martyrs ont scellée de leur sang ; doctrine qui est le premier trésor de l'homme, ici bas ; car la vérité est plus précieuse que l'or et les honneurs, plus précieuse que la vie même, puisqu'elle est la science de la vie, la science de l'homme, la science de son origine et de ses destinées, la science du temps et de l'éternité.

La doctrine du Frère de La Salle se nomme la Doctrine chrétienne, parce qu'il y a une doctrine, dans le monde, qui est anti-chrétienne, c'est la doctrine de l'Antechrist, la doctrine des enfants de ténèbres, la doctrine des ennemis de la vérité divine révélée aux hommes par Jésus-Christ.

Mystère étrange de notre pauvre nature ; elle aime la lumière, car elle est faite pour la lumière de la vérité ; notre esprit a soif de vérité, comme notre cœur a soif de bonheur. C'est pour trouver la vérité que les hommes ont scruté dans les entrailles de la terre, les secrets de la création, qu'ils ont pesé les sphères célestes, mesuré la chaine qui les unit dans leur cours rapide et régulier ; c'est la soif de vérité et de lumière qui a trouvé les propriétés de la vapeur, découvert le soleil électrique, étudié et analysé, à sa clarté, tous les microbes qui dévorent l'humanité. La nature humaine est donc avide de lumière : elle aime, dit saint Augustin, la lumière qui brille : *amaverunt eam lucentem ;* mais elle déteste la lumière qui accuse, la lumière qui va réveiller dans les consciences la voix du remords, pour dire à l'homme, quel qu'il soit, en face des passions les plus violentes et des excès les plus coupables, ce que Jean-Baptiste disait à Hérode, sur le théâtre de ses crimes : Prince, cela n'est pas permis : *non licet*. Cette lumière qui accuse, les hommes la détestent et s'efforcent de l'éteindre par les moyens les plus iniques : *oderunt eam contradicentem* (cité de Dieu).

De nos jours, un noble progrès, dans le domaine des sciences naturelles, a prouvé la puissance de l'esprit humain ; mais la science de Dieu, la science des destinées humaines, la science de l'âme est-elle connue ?

Princes de la science, qui travaillez à instruire la jeunesse, apprenez à vos élèves les merveilles de l'astronomie, les richesses de l'histoire naturelle ; enseignez-leur les lois de la physique, et ces formules de mathématiques dont les applications étonnent le monde. Dieu ne vous condamne pas dans ces investigations, puisqu'il a voulu s'appeler lui-même : *Deus scientiarum, dominus est*[1]. L'Église ne vous blâme pas, car l'histoire de son passé vous prouve qu'elle a puissamment contribué au développement des sciences humaines, et que dans le présent, elle les traite avec la même faveur.

(1) Reg., II, 3.

Mais n'oubliez pas que la science du chrétien ne doit pas s'arrêter aux limites du temps. Il y a en lui des aspirations et des besoins, que les richesses de la nature ne pourront jamais satisfaire ; il y a en lui des instincts et des passions, qui ne peuvent être contenus que par la sanction d'une loi éternelle.

Au-dessus de la science du temps, il y a la science de l'éternité ; au-dessus de la science des nombres et des créatures, il y a la science de Dieu ; au-dessus de la science qui mène à la fortune, il y a la science du salut, la science de Jésus-Christ, lumière de lumière : *lumen de lumine*, source de toute vérité.

Pour comprendre la mission providentielle des Frères des Ecoles chrétiennes, il suffit de considérer, à la clarté de la raison et de la foi, ce que doit être l'éducation du jeune homme. Le jeune homme est l'espoir de l'avenir. Bien souvent, aux jours des calamités sociales, en voyant la France, comme un homme ivre, zigzaguant sur ses bases, allant se heurter tantôt à une autocratie sans contre-poids, tantôt à une démocratie sans limites ; ou bien semblable à un grand navire démâté, sans voiles ni boussole, qui va battre à tous les récifs, on s'est écrié, en présence des abimes, en face du naufrage : Qui nous sauvera ? De toutes parts, on s'est élancé vers la petite nacelle qui s'appelle l'âme de l'enfant, le cœur du jeune homme ; on a dit : celui-ci nous sauvera, en nous faisant un avenir réparateur du passé.

Si tous conviennent que l'espoir est dans l'enfant, tous n'entendent pas de la même manière l'œuvre de son éducation. Deux systèmes sont en présence. D'un côté, c'est le système d'éducation patronné par les enfants naturels de Lock et Darwin, de Jean-Jacques et Voltaire, qui ont choisi pour devise : orgueil et mépris de toute autorité divine ; et pour conséquence, irréligion et licence des mœurs sans frein. Or, jamais on n'a rien pu fonder sur de telles bases. L'orgueil de l'homme et son indépendance vis-à-vis des droits de Dieu ont toujours conduit à l'abîme celui qui les a choisis pour coursier : *Væ cujus auriga superbia est, necesse est ut pereat.*

La licence des mœurs n'a jamais été un fondement propice à une société. L'exclusion de Dieu de la vie sociale, est une prétention aussi absurde qu'impie. Vous bâtiriez plutôt une grande ville dans les airs, nous dit Tullius, qu'une société ou une famille, sans la foi et le respect aux droits de Dieu.

A côté des fils de la nature, nous avons les enfants de la lumière, qui reconnaissent Dieu pour père, Jésus-Christ pour frère, et l'Eglise qu'il a fondée, pour mère. Tenez pour certain que la victoire restera aux enfants de Dieu, qui sont les fils de la vérité : *veritas liberabit vos.*

Pour réaliser les légitimes espérances de la société, il est nécessaire de réunir toutes les puissances de l'âme de l'enfant, les puissances de l'intelligence, du cœur, du caractère et de la volonté, pour les élever, par un progrès incessant, vers le beau et le bien, en lui donnant pour devise :

aimer le beau et faire le bien; et cet adage d'un grand peuple : *mieux vaut mourir que de se souiller : melius mori, quàm fœdari ;* ou bien encore, cette devise d'un grand cœur, d'O'Connell revendiquant, à la face des nations, les droits imprescriptibles de l'Irlande à la liberté : *fais ce que dois, advienne que pourra.*

Le vice de l'éducation moderne, c'est de diviser l'être humain, en lui proposant une morale sans principes, et en le mettant ainsi en contradiction avec Dieu et sa conscience. Tout doit se lier et s'enchaîner dans l'ordre de la vérité et du devoir. Bossuet a exprimé une grande vérité quand il a dit : *Le bien croire est le fondement du bien faire.*

Il faut que l'instruction embrasse toutes les puissances de l'âme, pour les ennoblir, en les faisant remonter à leur principe qui est Dieu, sinon l'enseignent restera stérile, il ne préparera que des ruines, là où il fallait élever un splendide palais, pour la gloire de Dieu, le salut de la famille et de la patrie.

De nos jours, on entend, dans le monde, des voix perfides, ricaner et dire, comme cette femme, qui n'était pas la vraie mère, disait devant le tribunal du roi de Judas : *Nec mihi nec tibi, sed dividatur;* qu'il ne soit ni à vous, ni à moi, mais qu'on le partage ! Ce serait infailliblement la mort. Qu'on laisse donc l'enfant tout entier à Dieu, qui est son père, et à l'Eglise, qui est sa véritable mère : *Hæc est mater ejus*[1].

Tel n'est pas l'enseignement donné par les dignes Frères de la Doctrine chrétienne. Ils élèvent

(1) Reg., III, 27.

en instruisant, ils instruisent en élevant tout ce qu'il y a de noble dans le cœur de l'enfant. Ils ne scindent pas, par une mutilation homicide, les facultés de l'âme, destinées à grandir harmonieusement. En donnant la vérité à l'intelligence, et en inspirant à la volonté du jeune homme l'amour de la vertu, ils ramènent ces deux sœurs, filles du ciel, à Dieu, leur éternel principe. L'éducation, ainsi comprise, prépare à la religion et à la patrie deux incomparables bienfaits : une jeunesse et une nation chrétiennes.

C'est alors qu'on jouit du consolant spectacle donné par des jeunes gens, en qui les ardeurs de l'âge sont réglées par la loi du devoir, et les effervescences malsaines, domptées par les nobles émotions de l'âme, se répandant dans les saintes affections de la famille, ou bien dans le charme de généreuses amitiés qui donnent un précieux parfum à toute l'existence. Donner aux familles et à la société des jeunes gens capables de s'avancer dans la vie, la tête haute, le front marqué du signe de la croix, n'est-ce pas préparer à la patrie des défenseurs qui, à l'heure du péril, sauront marcher à l'ennemi, le visage découvert, en portant dans leur cœur l'amour de la religion et de la famille, gage assuré de la victoire : *Pro aris et focis*.

Lacordaire a dit, dans un noble langage : « Si la « vieille société est tombée, c'est parce que Jésus-« Christ en était sorti, et si notre société nouvelle « ne trouve pas ses assises, c'est parce que Jésus-« Christ n'y est pas entré. »

Nous vivons dans un siècle où l'on entend propager d'étranges doctrines : Dieu n'est qu'un vieux mot, le Christ un philosophe humanitaire, l'âme un souffle d'oxigène ou d'azote. Ces maximes désolantes sont venues frapper à la porte de l'atelier, pour y produire le déchaînement des plus perfides passions. C'est aux classes ouvrières qui travaillent et souffrent, qu'on s'efforce de persuader que la vertu n'est qu'un vain mot, l'homme une pure machine, et le néant le terme de ses destinées. Quand on a ainsi fait le vide dans les âmes, il ne reste plus sur les ruines de la conscience que des appétits grossiers et des instincts pervers.

C'est pour cela que nous saluons avec admiration, et que nous bénissons avec amour, les fils du Bienheureux de La Salle, qui sont aujourd'hui plus de douze mille, répandus sur la surface du monde, travaillant, par des dévouements inénarrables, à dissiper les ténèbres par la lumière, et à ramener le règne de Jésus-Christ sur les intelligences par la foi, sur les cœurs par l'amour, sur les volontés par l'obéissance à la loi divine, sans laquelle il n'y aurait plus ni autorité, ni respect, ni propriété, ni famille, ni droit, ni devoir.

L'arbre vigoureux que le Bienheureux de La Salle avait planté sur le sol propice de l'Eglise, obtint bientôt de merveilleux développements. C'est qu'il avait ses racines en Dieu, et ses racines, fécondées par les eaux salutaires de l'humilité et de la pauvreté, de la calomnie et de la persécution, produisaient chaque jour de nouveaux disciples. Plus heureux que Moïse, il put, avant de rendre sa belle âme à Dieu, contempler et recueillir les heureux fruits de ses pénibles travaux. En peu d'années, on vit les villes de Réthel, Guise, Laon, Calais, Troyes,

Avignon, Montpellier et Paris demander et recevoir, comme une bénédiction du ciel, ces enfants de la lumière, ces amis dévoués de l'enfance.

Après avoir jeté les fondements de son œuvre sur les assises profondes de l'humilité et de l'obéissance, de la prière et du travail, il voulut en assurer l'existence par la consécration de l'autorité infaillible de l'Eglise. Il savait que Jésus-Christ a établi, au cœur de l'Eglise, un pouvoir investi du droit d'imprimer le sceau de l'Evangile, aux œuvres qui en reproduisent l'esprit et les maximes. Dans le sentiment d'une humble foi et d'une parfaite obéissance, il soumit ses Constitutions à l'approbation du vicaire de Jésus-Christ, et il fonda une maison de Frères à Rome, afin, comme il le dit lui-même, de planter l'arbre de la Société et de lui faire prendre racine dans le centre de l'unité catholique, sous les yeux et les auspices du Souverain Pontife; de la fonder sur la pierre inébranlable, contre laquelle les portes de l'enfer ne peuvent prévaloir, et de l'attacher pour toujours à cette Eglise, divine épouse du Christ, qui ne peut ni périr ni faillir.

Cette soumission absolue et filiale à l'autorité du Pape n'était pas une vertu commune, au temps où vivait notre Bienheureux. On a vu des colonnes de l'Eglise de France, comme le grand Bossuet lui-même, chanceler un instant dans leur foi et leur soumission à l'autorité suprême du vicaire de Jésus-Christ. Le Jansénisme, enfant naturel du protestantisme, en flattant l'orgueil humain, avait égaré plus d'une intelligence, dans le haut clergé, et jusque dans l'épiscopat français. Le Jansénisme était une hérésie déloyale qui, n'osant attaquer le

***

catholicisme en face, s'était cachée, comme un serpent, dans son sein.

Monsieur de La Salle trouva, dans l'élévation de son esprit et la droiture de son cœur, la perspicacité qui lui fit discerner le venin de l'erreur, et en préserver ses disciples. C'est ainsi qu'il devint une lumière pour l'église de France, par l'éclatant exemple de sa foi et la pureté de sa science théologique. On peut dire de lui qu'il a été pour l'Eglise de Dieu un flambeau lumineux, en même temps qu'un foyer de charité : *Lucerna lucens et ardens*[1].

Chers Frères du Bienheureux de La Salle, que votre humilité et votre modestie nous permettent de vous glorifier d'être les disciples d'un tel maître. La gloire qui resplendit sur votre robe noire, après deux siècles de glorieux combats, de généreux sacrifices et de nobles succès, n'est-elle pas sa gloire et la gloire de Dieu ? Permettez que notre admiration se reporte de votre glorieux Fondateur à vous qui formez sa couronne ici-bas, parce que vous êtes les enfants de sa foi et de sa charité. Pour louer dignement le Bienheureux de La Salle, il suffit de rappeler les hommages volontaires ou forcés que le monde a rendus à votre dévouement. Depuis deux siècles, la vénération des peuples, l'attachement de la jeunesse, la reconnaissance des pères et des mères de familles, se sont attachés à vos pas. Partout où l'on vous rencontre, on est forcé de se dire : Voilà l'ami de la jeunesse, le protecteur et l'espérance des familles. Le dix-huitième

(1) Joan., V, 35.

siècle lui-même, contempteur ironique de l'Evangile, s'est arrêté devant vous, respectueux et reconnaissant. Au commencement de ce siècle, lorsque le soleil de la religion eût dissipé les nuages de l'impiété révolutionnaire, tous les regards se sont portés vers vous, en vous saluant comme l'espérance d'un nouveau monde de foi. Bonaparte a proclamé votre Institut, seul capable de réparer les ruines morales amoncelées par dix années d'impiété et de terreur, et cela à une époque où, déjà saisi d'un esprit de vertige, il prétendait faire la loi à l'Eglise. La révolution de 1830 et celle de 1848 ont reconnu en vous les plus sincères amis du peuple. De nos jours, les fils de Boudha et de Mahomet, en vous voyant aborder sur leurs rivages obscurcis par des siècles d'ignorance et d'abrutissement, ont cru à la lumière de la civilisation chrétienne. Dans notre société sceptique, nourrie de négations et de mensonges, tous les hommes de bonne foi, en qui subsiste une étincelle de religion et de patriotisme, vous acclament comme les sauveurs de l'enfance contre l'impiété et le matérialisme ; ils vous demandent de conserver, dans leur intégrité, les principes de l'ordre moral, sans lesquels la société n'aurait plus que des ruines à contempler.

Et n'a-t-on pas entendu naguère une voix plus élevée, une voix du ciel parlant par la bouche de Léon XIII, rendre un solennel hommage à votre apostolat, quand il proclamait que « la société ne « trouverait le salut que dans l'éducation religieuse « de l'enfance et de la jeunesse, dans la fondation « d'écoles, où des maîtres instruits et pieux ensei- « gnent aux enfants, avec les lettres humaines, les

« vérités et les préceptes de la religion. C'est là, « en effet, ajoute Léon XIII, que se trouve le point « de départ de tout progrès et de toute civilisation, « et l'unique source d'où découle le véritable « bonheur des peuples. Préparer à la patrie des « générations chrétiennes, soumises à Dieu et à « l'Eglise, former des héros prêts à tout sacrifier « au devoir, tel est l'objet le plus digne d'exciter « une généreuse et sainte émulation. »

Et maintenant, Frères et Fils du Bienheureux de La Salle, ouvriers infatigables de la vigne du Seigneur, vaillants champions de la civilisation, poursuivez vos nobles combats et vos pacifiques victoires, sous l'étendard déployé de la foi, de l'espérance et de la charité; allez, confiants en votre étoile, fidèles à l'astre nouveau que l'Eglise vient de faire briller au ciel étoilé des bienheureux, pour récompenser vos vertus et affermir votre courage dans le bon combat que vous soutenez depuis deux siècles.

Elevez-vous sur les sommets paisibles de l'humilité, de la patience et de la charité; allez vers ce monde vieilli, comme Elisabeth, dans sa tristesse et sa stérilité ; apportez-lui la parole du salut, le verbe de Dieu, l'amour de Jésus-Christ, toujours vivant en votre cœur; faites résonner à l'oreille de l'enfant le langage de la foi et de l'amour où l'on reconnait Jésus, et l'on dira de vous, comme de Marie : Voici qu'à la voix de ta salutation, le germe de la vie et du salut a tressailli en mon âme : *Ecce enim, ut facta est vox salutationis tuæ, in auribus meis, exultavit infans in utero meo*[1].

(1) Luc, I, 44.

Levez-vous dans les sentiments de votre foi et de votre charité, allez à travers le monde, avec la confiance des enfants de l'Evangile, et la fidélité à votre devise : *Prier et travailler, ora et labora.* Qu'ils sont beaux, sur les hauteurs, les pieds de ceux qui annoncent la paix, qui portent la bonne nouvelle du salut, en disant : Le Seigneur règnera, *Dominus regnabit.*

O France, terre des élus de Dieu, on t'a calomniée, quand des voix alarmées ont osé affirmer qu'il n'y avait plus dans ton sein qu'un léger souffle de vie chrétienne près de s'éteindre. Dieu a fait sortir de ton cœur trois fleuves de vie, dont les flots purs vont ranimer l'espérance à tous les points du monde, ce sont : l'Œuvre de la Propagation de la foi, la charité de tes filles de saint Vincent de Paul et le dévouement des Frères de La Salle. Aussi, partout où l'on recueille les bienfaits de ta foi, en rencontrant un Missionnaire, une Sœur de charité et un Frère des Ecoles chrétiennes, on rend grâce à Dieu, on bénit l'Eglise, on bénit aussi le cœur de la France qui inspire de tels dévouements.

Et toi, ville de Reims, n'es-tu pas la plus heureuse des cités. Tu as baptisé, dans les eaux de ton fleuve, le premier roi chrétien : tu as vu sacrer, dans tes murs, les rois du plus beau royaume de la terre ; tu as donné le jour à Urbain, l'apôtre de la première croisade ; tu as été le berceau de saint Bruno, l'illustre patriarche de ces moines qui, depuis bientôt huit siècles, perpétuent dans le monde les plus pures vertus évangéliques ; enfin, tu es glorieuse, parce que tu as donné le jour au Bienheureux de La Salle, qui devient aujourd'hui une consolation pour l'Eglise, et un puissant protecteur pour tous ceux qui soutiennent, ici-bas, le combat de la vérité et de la vertu contre l'erreur et le vice.

O glorieux Jean-Baptiste de La Salle, protégez l'Eglise qui vient de déposer sur votre front la couronne de la béatification; protégez le Souverain Pontife Léon XIII qui vient de répandre un éclat nouveau sur vos vertus; protégez la France, afin qu'elle reste digne de son titre de fille aînée de l'Eglise; protégez et bénissez la famille de vos dignes Frères, afin qu'ils puissent continuer, autant que durera l'Eglise, leur pacifique et féconde mission de dévouement, de foi et de charité.

AMEN.

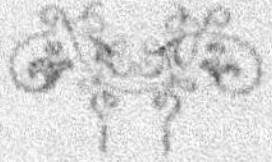

CHAMBÉRY — IMPRIMERIE DRIVET ET GINET

www.ingramcontent.com/pod-product-compliance
Ingram Content Group UK Ltd.
Pitfield, Milton Keynes, MK11 3LW, UK
UKHW021508260726
13993UKWH00004B/1604

9 782329 249018